UNGARISCHE BIBLIOTHEK
Für das Ungarische Institut an der Universität Berlin
herausgegeben von ROBERT GRAGGER
Zweite Reihe

2.

Staatsverträge zur Regelung von Steuer- und Gebührenfragen

Von

Joh. Nyulászi

Berlin und Leipzig 1922
Vereinigung wissenschaftlicher Verleger
Walter de Gruyter & Co.
vormals G. J. Göschen'sche Verlagshandlung — J. Guttentag, Verlagsbuchhandlung —
Georg Reimer — Karl J. Trübner — Veit & Comp.

Ungarische Jahrbücher

Zeitschrift für die kulturellen, sozialen und wirtschaftlichen Fragen Ungarns und seiner Nachbarländer, herausgegeben von

PROFESSOR DR. ROBERT GRAGGER

DIREKTOR DES UNGARISCHEN INSTITUTS AN DER UNIVERSITÄT BERLIN

Die Ausgabe der „Jahrbücher" erfolgt in Vierteljahrsheften im Umfang v. ca. 5 Bogen.

Inhalt des ersten Bandes.

I. Aufsätze und Berichte:

II. Kleine Mitteilungen und Anzeigen:

III. Besprochene Werke:

Sonderabdruck aus „Ungarische Jahrbücher" Band II.
Druck und Verlag der Vereinigung wissenschaftlicher Verleger, Berlin W 10, 1922.

Staatsverträge zur Regelung von Steuer- und Gebührenfragen.

Von
J. Nyulászi.

I. Leitgedanken.

Das internationale Finanzrecht regelt das gegenseitige Verhältnis der Finanzhoheit unter den verschiedenen Staaten. Es bestimmt die Grenzen des einzelstaatlichen Steuerrechtes. Der unersättliche Staat möchte alles in sein Machtbereich einbeziehen, doch werden diesem Bestreben gewisse Schranken gezogen, und zwar einerseits durch die Ansprüche der fremden Staaten, die durch internationale Verträge geschützt sind, andererseits durch die nüchterne Erwägung, daß gewisse Besteuerungen die eigenen Staatsbürger in ungerechter Weise belasten würden. Meine Ausführungen bezwecken demnach, auf die dreifache Gliederung dieses Fragenkomplexes hinzuweisen und die durch die gegebenen Möglichkeiten, die Verträge und Billigkeitsgründe bestimmten Gesichtspunkte zu untersuchen, welche einzig und allein als die Grundlage einer wirklich gerechten Regelung anzusehen sind.

Ich will dem Leser vorerst einige Gedankengänge mitteilen, welche die erwähnten Gesichtspunkte besonders prägnant zum Ausdruck bringen.

1. Die Finanzhoheit erstreckt sich grundsätzlich auf alles, was der Staatsgewalt effektiv unterworfen ist. So kann der Staat prinzipiell das auf dem Staatsgebiet vorhandene Steuersubjekt steuerlich belasten, ungeachtet dessen, daß es seine Einkünfte aus dem Auslande bezieht oder daß sein Vermögen auf dem Gebiet eines andern Staates liegt. Allerdings besteht die Möglichkeit, daß der Staat diesen Grundsatz nicht mit voller Konsequenz durchführen will, und zwar einerseits aus Gründen juristischer Natur, wenn zu befürchten ist, daß die eigenen Staatsangehörigen in ungerechter Weise doppelt besteuert werden, andererseits aus wirtschaftlichen Gründen, wenn die Gefahr besteht, daß die Steuersubjekte zur Auswanderung oder zu anderen Hand-

lungen gezwungen werden, die die Wirtschaftsmacht des Staates über fremde Gebiete in empfindlicher Weise schwächen könnten. Das mag weiter zu der Erwägung führen, daß die sogenannten „holding companies", die nur als Hinterleger von Aktien auf fremdem Gebiet befindlicher Wirtschaftsinteressenten gelten, in steuerlicher Hinsicht vielfach erheblich günstiger stehen als andere, in den Machtkreis des Staates fallende Unternehmungen, deren Wirkungskreis ausschließlich oder hauptsächlich das Inland ist. Je größer die Interessen sind, die eine Erhaltung oder Stärkung des eigenen Wirtschaftseinflusses auf fremde Gebiete verlangen, desto notwendiger wird es sein, alle Steuersubjekte, die in diesen Interessenkreis fallen, vor den Nachteilen einer Doppelbesteuerung zu schützen.

2. Der Begriff der Doppelbesteuerung umschließt jene Gedankengänge, welche darauf hinzielen, dasselbe Steuersubjekt oder Steuerobjekt nicht in zwei verschiedenen Staaten besteuern zu lassen; die juristischen wie die wirtschaftlichen Zusammenhänge dieses Gedankens wurden, seit dem Vertrag von Trianon, teils durch die Brüsseler Konferenz, teils durch die Verhandlungen in Rom im vergangenen Jahre aufgedeckt und führten zu der bereits paraphierten, aber durch die einzelnen Legislativen noch nicht angenommenen Vereinbarung zwischen Italien und den österreichischen Nachfolgestaaten vom 6. April 1922. Die durch den Friedensvertrag geschaffene Lage gibt aber nicht nur den Fragen einer simultanen, sondern auch einer zeitlich aufeinanderfolgenden Besteuerung große Bedeutung, d. h. es können nicht nur dadurch Verwicklungen entstehen, daß zwei Besteuerungs-Hoheitsrechte ein und dieselbe steuerliche Grundlage gleichzeitig in ihren Machtkreis ziehen wollen, sondern auch dadurch, daß gewisse Staatsgebilde, so auch Ungarn, zerstückelt worden sind, so daß einerseits die Frage der Steuerrückstände geklärt, andererseits aber auch das Problem gelöst werden muß, bis zu welchem Zeitpunkt die bestehenden Besteuerungsfonds in den Machtkreis des alten Staates, und von welcher Zeit an sie unter das Besteuerungsrecht des neuentstandenen Staates fallen, wieweit also die Nachfolgestaaten für diese alten Besteuerungsfonds als Rechtsnachfolger gelten können, wieweit sie unter Umständen für die von ihren Bürgern vorausbezahlten Steuern, z. B. Konsumsteuern, haftbar sind. Die jetzt aufgeworfenen, mit dem Friedensvertrag zusammenhängenden Fragen der Doppelbesteuerung wurden durch den im vergangenen Jahr in der Budapester Volkswirtschaftlichen

Gesellschaft gehaltenen Vortrag Emil KLUGS und im Laufe der daran anknüpfenden Debatte eingehend untersucht.

3. Die Fragen der simultanen und aufeinanderfolgenden Besteuerung werden meist durch die negative Formulierung gelöst, welche festsetzt, was der eine Staat aus einem durch einen andern Staat bereits versteuerten Einkommen nicht steuerlich belasten, und was durch internationale Vereinbarungen geregelt werden soll. Aber das Problem hat auch eine andere Seite. Der Staat gewährt aus eigener Einsicht, nicht durch Verträge veranlaßt, denjenigen Vergünstigungen, die an der Arbeit der wirtschaftlichen Durchdringung des ausländischen Wirtschaftsgebietes teilnehmen. Diese Fragen gehören ausschließlich in den Aufgabenkreis der inneren Gesetzgebung und stehen mit den weiter unten (Abs. 6) zu behandelnden Problemen der nationalen Abschließung und des Absentismus in engem Zusammenhang.

4. Unter die durch internationale Verträge geregelten Angelegenheiten fällt die Frage des gegenseitigen Rechtsschutzes, der die Geltendmachung der Staatsautorität gewährleistet. Der eine Staat verpflichtet sich auf vertraglichem Wege, die Ausübung der Besteuerungsrechte eines andern Staates auch dann zu ermöglichen, wenn das Steuersubjekt oder -objekt nicht mehr in das Machtbereich des ersteren gehört. Je vollständiger die Absperrung der verschiedenen Staaten gegeneinander ist und je mehr sie danach streben, daß das Vermögen unter dem Deckmantel einer „Nationalisierung" oder dergl. von dem fremden Staatsbereich zu ihnen übergehe, desto weniger werden sie geneigt sein, diese Form der Rechtshilfe zu gestatten. Es muß aber festgestellt werden, daß heutzutage die Hin- und Herschiebung der Vermögen häufiger als früher als Mittel zur Steuerhinterziehung dient, und es wurde z. B. während der Szende-Enquête über die Vermögenssteuer im Jahre 1919 auf die dringende Notwendigkeit diesbezüglicher internationaler Vereinbarungen von verschiedenen Seiten ausdrücklich hingewiesen und auch in den finanziellen Beschlüssen der Konferenz von Genua zum Ausdruck gebracht.

5. Eine weitere Gedankengruppe unseres Themas enthält den Begriff der Steuerklausel. In vielen internationalen Verträgen ist der Grundsatz festgelegt, daß der Bürger eines fremden Staates in steuerlicher Hinsicht nicht ungünstiger behandelt werden darf als der eigene Staatsangehörige. Bei der Erörterung und Regelung dieser Frage wird aber oft zu untersuchen sein, ob der fremde Staatsbürger sich nicht in einer besseren Lage befindet. Es gibt

vielerlei Steuern und Gebühren, welche Ausländer nicht treffen, die daher wesentlich geringere Produktionskosten zu tragen haben. (Z. B. in Ungarn die Gebühr für Befreiung vom Kriegsdienst oder die für die Enthobenen zu zahlende Steuer.) Der Grundgedanke der Steuerklausel ist der, jede Art der Besteuerung auszuschalten, durch welche die Tätigkeit der Bürger eines Staates auf dem Gebiete des andern Staates finanziell erschwert oder unmöglich gemacht wird. Auf der Konferenz von Genua hat die wirtschaftliche Unterkommission in Art. 15 den Beschluß gefaßt (oder, um in der Ausdrucksweise der Konferenz zu sprechen, den Wunsch geäußert), die Ausländer sollen hinsichtlich der Besteuerung keinesfalls in einer ungünstigeren Lage sein als die eigenen Staatsbürger. Die bestehenden Verträge — gemeint ist damit der Friedensvertrag — dürfen dadurch nicht berührt werden. In Ausnahmefällen ist es allerdings zulässig, dem Ausländer gegenüber anders vorzugehen als gegenüber dem eigenen Staatsbürger. Dies kann jedoch nur dann geschehen, wenn die öffentlichen Interessen es fordern. Bemerkenswert ist, daß auf Verlangen der Japaner, die wahrscheinlich an ihre amerikanischen oder asiatischen Interessen dachten, ausführlich der Zusatz aufgenommen wurde, der Unterschied des Vorgehens könne nicht auf Grund der Nationalität geltend gemacht werden. Die rumänische Vertretung sprach hierzu ihren Vorbehalt aus.

6. Dieser Gedanke führt zu einem weiteren Fragenkomplex, dessen Mittelpunkt in der Erwägung liegt, ob als Basis der Besteuerung der Wohnsitz, also das Zentrum der Wirtschaftstätigkeit des Steuersubjektes, dienen soll, oder ob das Gewicht eher auf die Staatsangehörigkeit, auf die nationale Zugehörigkeit der juristischen Personen zu legen ist. Die große Bedeutung dieser Fragen tritt besonders dort hervor, wo der Absentismus geregelt wird, wo es sich also darum handelt, daß die wirtschaftliche Existenz der Staatsbürger eng an den Staat geknüpft und verhindert wird, daß er seine wirtschaftliche Individualität im Ausland entfalte. Die Besteuerung des Absentismus besagt nicht allein, daß jemand, der sein im Inland verdientes Geld im Ausland ausgibt, deswegen mit erhöhter Steuer belastet wird; sie kann auch mehr bedeuten, und zwar hauptsächlich, daß die Auswanderung durch die erhöhte Besteuerung des Vermögens und des Einkommens verhindert wird. Das alte Ungarn war nicht sonderlich bestrebt, dahin zu wirken, daß seine Bürger am wirtschaftlichen Leben der Nachbarstaaten teilnähmen. Das Ungarn von heute muß hier andere

Grundsätze verfolgen. — Die Regelung des Absentismus ist auch als Gegenstand internationaler Verträge von großer Wichtigkeit und kann heute nicht mehr — wie es in der Vergangenheit geschah — mit einigen Worten abgetan werden. Denn infolge der Zerstückelung seines Staatsgebietes muß es für Ungarn von großer Bedeutung sein, daß seitens der Nachbarstaaten solchen Personen, die dort über Vermögen und Einkommen verfügen, der Aufenthalt in Rumpfungarn nicht durch schwere Steuerbelastung unmöglich gemacht werde.

7. Bei der Gebührenfrage stehen wieder alle jene Probleme im Vordergrund, die schon im Verhältnis zwischen Wirtschaftsleben und Steuern zu beobachten waren. Auch hier sehen wir die rechtliche Unbilligkeit und die wirtschaftlichen Nachteile einer doppelten Belastung mit Gebühren, den Wettbewerb zwischen dem Orte des Geschäftsabschlusses und dem der wirtschaftlichen Auswirkung. Bei all diesen Fragen bildet sich ein Gegensatz zwischen den Finanzinteressen des Staates und den volkswirtschaftlichen Interessen. Früher hatten die ausländischen geschäftlichen Verträge in Ungarn keine besondere Bedeutung, heute sind die Geschäftsabschlüsse der durch Zerstückelung des alten Ungarn zum Ausland gewordenen Gebiete von großer Wichtigkeit, und die richtige Lösung der Frage erheischt volle Berücksichtigung nicht nur der finanziellen und volkswirtschaftlichen, sondern auch der allgemeinen politischen Gesichtspunkte.

8. Die Frage der Zölle, Prämien und der Konsumsteuern gehört nicht in den Kreis meiner Betrachtungen, obgleich z. B. in der Zeit vor dem Kriege die Brüsseler Zuckerkonvention in dieser Hinsicht bahnbrechende wirtschaftliche Bedeutung hatte und die steuerausgleichende Wirkung der Zölle, Prämien und Konsumsteuern sowie ihre produktionsfördernden oder -hemmenden Wirkungen große Wichtigkeit besitzen; doch wuchsen diese Themata zu einer weit über den Rahmen des Finanzrechtes hinausgehenden bedeutsamen Materie an.

9. Ich will die Darlegung der verschiedenen führenden Motive damit abschließen, daß ich auf eine bei der Behandlung unseres Gegenstandes sich vielfach äußernde und ständig hervorgehobene Grundthese: die Gegenseitigkeit und deren Gegensatz, die Retorsion, hinweise.

Diese Gegenseitigkeit bedeutet prinzipiell, daß der eine Staat ebenso vorgehen wird wie der andere. So einfach aber dieser Gedanke erscheint — es wurden doch viele spitzfindige Variationen von der Habgier der Finanzbehörden erfunden. Daß der Staat A ebenso wie der Staat B mit den beiderseitigen Staatsbürgern verfahren werde, ist eine primäre und natürliche Auswirkung des Prinzips. Der Staat A wird nicht den Bürger des Staates B besteuern, wenn Staat B in derselben Weise mit dem Bürger des Staates A verfährt.

Die zweite Form der Gegenseitigkeit besteht darin, daß der Staat A von einer Besteuerung des auf dem Gebiete des Staates B befindlichen Vermögens oder Einkommens seines eigenen Staatsbürgers deswegen absieht und die Besteuerung dem Staate B aus dem Grunde überläßt, weil der Staat A ohnehin berechtigt ist, das auf seinem Gebiet vorhandene Vermögensobjekt oder Einkommen eines Bürgers des Staates B durch Steuern zu belasten. Das Interesse des Staates A bedarf in diesem Falle keines besonderen Schutzes, da es die Hilfe des Staates B gegenüber den Angehörigen dieses Staates gar nicht benötigt. Die Gegenseitigkeit ist hier nicht auf den Willen der andern Partei, sondern auf die innere Kraft der Tatsachen aufgebaut. Wie wir später noch sehen werden, schaltet sich hier in viele Gedankengänge der Begriff der Retorsion ein, und der Staat A benachteiligt den eigenen Bürger nur, um gegen den Bürger des Staates B besser vorgehen zu können. Der Staat vergißt dabei, daß er dadurch seine eigenen Bürger schädigt, anstatt den anderen Staat oder dessen Bürger zu treffen, und er verlangt von den eigenen Staatsangehörigen, daß dieser auf die fremde Staatsgewalt einen Druck ausübe, welchen geltend zu machen er selbst nicht imstande ist.

Die Gegenseitigkeit ist ein Rechtsinstitut, welches nicht nur in den Verträgen seinen Ausdruck findet, sondern auch in jenen einseitigen Erklärungen der Staatsgewalt, welche den Bürgern des andern Staates eine entsprechende Behandlung für den Fall zusichern, wenn von dem andern Staate dieselbe Zusicherung gegeben wird. Der Gedanke der Retorsion äußert sich in einer einfacheren und mehr handgreiflichen Form, wenn der Staat A die Bürger des Staates B mit gewissen Differenzialsteuern für den Fall belastet, daß der Staat B gegenüber den Bürgern des Staates A in ungerechter Weise vorgeht.[1])

Die aufgeworfenen Fragen können nur aus ihrem eigenen materiellen Kreis heraus, oder, bei Zugrundelegung des Gerechtig-

---

[1]) Zur Veranschaulichung der angeführten Gedankengänge sei auf die Paragraphen 1, 2, 3 und 12 des durch G.A. XXIII/1908 in Kraft getretenen italienischen Handelsvertrages sowie auf § 2 des Schlußprotokolls hingewiesen.

keitsprinzips, nur durch den Vergleich der verschiedenen Rechtskategorien allein nicht gelöst werden. Der Ausgangspunkt für die Lösung der meisten dieser Fragen liegt in den Zielen der nationalen und der Wirtschaftspolitik. Ueber die Zielsetzung muß jedenfalls Klarheit herrschen. Man kann eine Komitatschi-Politik verfolgen, man atomisiert das Leben der Volkswirtschaft und läßt das vorhandene lebendige Netz von Handel und Industrie verkümmern, wenn man annimmt, daß Rumpfungarn dank seiner landwirtschaftlichen Erzeugung wirtschaftlich überhaupt nicht zugrunde gehen könne. Man kann aber auch den andern Weg verfolgen und sagen, daß Ungarn die vorhandenen Werte nicht vernichten lassen darf, sondern sie stärken und dadurch auch die Kraft des von der Heimat abgetrennten Ungartums erhöhen muß. Ich halte den zweiten Weg für richtig. Deswegen erachte ich es auch für notwendig, daß Ungarn mit den Nachfolgestaaten Verträge abschließe, und in diesen Verträgen die vorhandenen Werte des Ungartums zu sichern trachte. Eine Komitatschi-Politik zu treiben, ist noch immer reichlich Zeit, wenn dieser Weg nicht zum Ziele führt. Diese Politik kommt aber eben einer alles erfassen wollenden Finanzpolitik sehr gelegen, darum muß das Grundprinzip dieser Vertragspolitik die Ausschaltung auch des „furor financialis" sein. Ich fürchte aber, daß darauf wenig Aussicht besteht.

Durch das ungehemmte Walten des furor financialis werden in erster Linie die Interessen des Ungartums in den abgetrennten Gebieten getroffen, und der Eigentümer wird, wie es schon Kap. III. des ersten Vermögensablösungsgesetzes zur Folge hat, gezwungen, sein dort befindliches Hab und Gut zu veräußern, damit der ungarische Staat es nicht mit einer zweiten Steuer belaste. Im Jahre 1921 haben die aus der österreichisch-ungarischen Monarchie hervorgegangenen Staaten in Rom eine Konferenz abgehalten. Die Konferenz hat die besonders für diese Staaten große Bedeutung der Vermeidung von Doppelbesteuerungen sofort erkannt. Die gegenseitigen wirtschaftlichen Interessen sind so verwickelt, die einzelnen neuentstandenen Staaten haben so viele schwer zu lösende wirtschaftliche Beziehungen untereinander, daß dieser Frage hier eine viel größere Bedeutung zukommt als es bei den übrigen Ländern der Fall ist, welche nicht allein durch natürliche, sondern gewissermaßen auch durch wirtschaftliche Grenzen voneinander geschieden sind. Die Grundlage der Besprechungen bildete der Vorschlag des tschechoslowakischen Beauftragten Valnišek. Seine Anregungen wurden beinahe allgemein als richtig anerkannt, sodaß am 6. April 1922 zwischen den österreichischen Nachfolgestaaten und Italien die bereits angeführte Vereinbarung zustande kam, welche auch als die erste Initiative durch die Konferenz von Genua erwähnt und als Anhang dem Rapport beigefügt worden ist.

II. Der frühere Rechtszustand.

Der Rechtszustand vor dem Zusammenbruch war ziemlich einfach und übersichtlich. Ich möchte hier die Aufmerksamkeit auf einige Verfügungen lenken.

Von den internationalen Verträgen Ungarns haben G.A. XXIII/1908 mit den Italienern, G.A. XIX/1913 mit den Japanern die einzelnen Fragen des internationalen Finanzrechtes geregelt, und durch jeden neuen Vertrag wurde die durch Verträge bereits geordnete Rechtsmaterie vermehrt. So wurden z. B. durch den Vertrag mit Italien weitgehende Rechtsvereinbarungen zur Verhinderung des Schmuggels getroffen. Das in diesen Verträgen geregelte Rechtsmaterial ist hier jedoch von keiner besonderen Wichtigkeit.

G.A. XXII/1875 regelt die Kapitalertrags- und Rentensteuer in der Weise, daß jedes aus dem Auslande herrührende Einkommen (aus Grundbesitz, Immobilien, Aktien, Darlehnskapitalien usw.) in Ungarn steuerpflichtig ist, ausgenommen, wenn es im Auslande bereits besteuert wurde, und das Ausland Ungarn gegenüber das Prinzip der Gegenseitigkeit befolgt (§ 1,^{1,2,3} und § 2,^{5}).

Nach G.A. XXIX/1875 § 5^{2b} sind von der Zahlung der Erwerbssteuer dritter Klasse befreit:

„die im Inlande sich aufhaltenden Fremden in dem Jahre, in welchem sie das Land betreten haben, sowie auch die ausländischen Handelsleute, Fabriks-, Handels- und Industriereisenden, welche persönlich oder durch ihre Bevollmächtigten die Inlandsmärkte von Zeit zu Zeit besuchen; ausgenommen, wenn die ungarischen Staatsbürger in dem Lande, dessen Staatsbürger die Betreffenden sind, Steuer zahlen müssen.“

G.A. X/1909, § 7 stellt ebenfalls die These auf, daß das aus dem Ausland stammende Einkommen im Falle einer Gegenseitigkeit steuerfrei ist; § 8 regelt die Besteuerung des Einkommens der mit Österreich gemeinsamen Unternehmungen, § 19 die Besteuerung des Einkommens der zur öffentlichen Rechnungslegung verpflichteten Unternehmungen. Durch die mit G. A. XIV/1908 in Kraft getretene Vereinbarung wird das Verhältnis zu Österreich festgelegt. Art. I regelt die Steuer der Donau-Dampfschiffahrtsgesellschaften, und zwar in ziemlich umständlicher Weise. Art. II befaßt sich mit der Regelung der Steuerzahlung aller Unternehmungen, welche ihr Geschäft in beiden Staatsgebieten betreiben. Grundprinzip: die Freiheit (Kunden- und Marktbesuch) der Betriebsausdehnung, die Verteilung der Einnahmen und Ausgaben der Betriebsniederlassungen auf die beiden Staatsgebiete, die Selbständigkeit der Einkommen der Filialen von Kredit- und Versicherungsinstituten. Durch Art. III werden die Verhältnisse der Einkommen aus den öffentlichen Kassen geordnet. Es wird außerdem verfügt, daß die zur öffentlichen Rechnungslegung verpflichteten Unternehmungen für ihre in den Gebieten des andern Staates angelegten Kapitalien in Ungarn keine Kapitalertragssteuer und Rentensteuer, bzw. in Österreich keine Rentensteuer zahlen müssen. Die Vereinbarung ist durch Verordnung Nr. 142,501 vom Jahre 1907 ausgeführt und durch folgende weitere Verordnungen ergänzt:

Verordnung Nr. 142,503/1907 des Finanzministeriums sichert die gegenseitige Steuerfreiheit für die Kupons aller Staatspapiere, Aktien und Vorzugsobligationen, in Österreich für Pfandbriefe den niedrigeren Satz der Rentensteuer, in Ungarn Steuerfreiheit.

Finanzverordnung Nr. 142,504/1907 regelt die Verhältnisse der Hausierer, der Wanderindustrie und der Wanderkünstler unter Wahrung aller Bestimmungen der Verordnung Nr. 12,776/1881.

Die Finanzverordnung Nr. 142,505/1907 bestimmt die Steuer der in beiden Staatsgebieten tätigen Ärzte, Verordnung Nr. 20,544 desselben Jahres die Steuer der von den beiderseitigen Staatsbehörden gegenseitig ausgezahlten Dienstbezüge und Ruhegelder.

Finanzverordnung Nr. 105,574/1910 regelt die sog. Sitzquote d. h. die Steuerquote, die auf den Direktionssitz entfällt.

Finanzverordnung Nr. 151,215/1917 verfügt die Aufhebung der Steuereintreibung für den Fall, wenn der Steuerpflichtige in beiden Staatsgebieten besteuert ist.

Durch die in G.A. XXI/1915, § 2 ausgesprochene Ermächtigung entstand die Verordnung Nr. 116,108/1917, enthaltend die Vereinbarung mit Österreich über die Einkommens- und Kriegsgewinnsteuer.

In all diesen Vereinbarungen standen die Grundsätze der Gerechtigkeit und der Zweckmäßigkeit über der hochmütigen und starren Theorie der finanziellen Staatshoheit (s. Mahler: Die Steuerreziprozität. *Az Adó* [Steuer- und Gebührenrundschau] VIII, Nr. 10.) Diese Vereinbarungen wurden aber durch Finanzverordnung Nr. 18,101/1920, welche sich vollkommen auf den Boden einer freien Finanzpolitik stellt, gekündigt.

Ungarns Gebührenwesen war vor Schaffung des G.A. XXXIV/1920 — ausgenommen die §§ 30 und 39 des alten Gebührengesetzes (ausländische Wechsel bzw. Steuerpflicht der ausländischen Urkunden) — durch Tit. 65 der Gebührenliste im Zusammenhang mit der in G.A. XLVI/1899 enthaltenen österreichischen Gebührenkonvention geregelt. Diese Vereinbarung gilt noch heute als bestehend, da sie weder von österreichischer noch von ungarischer Seite gekündigt wurde.

III. Die Rechtslage nach dem Zusammenbruch.

Die in Kap. 2 geschilderte Rechtslage erfuhr vor allem durch den Vertrag von Trianon eine Änderung. Der Vertrag tritt hier als eine Rechtsquelle von gänzlich neuer Bedeutung auf. Diese Rechtsquelle schränkt in erster Linie die Finanzhoheit des Staates in ganz ungewöhnlichem Maße ein. Durch den Vertrag wird nominell die Unabhängigkeit des ungarischen Staates proklamiert, in Wirklichkeit drückt er die Schaffung des ungarischen Finanzrechts auf das Niveau eines statutarischen Rechtes herab[1]). Das Hoheitsrecht des ungarischen Staates gestattet diesem, über die Deckung des Staatsbedarfes in absoluter Souveränität zu verfügen. Er kann dies jedoch nur innerhalb der Grenzen tun, die ihm durch den Friedensvertrag gezogen sind. Somit sind wir dahin geraten, wo im Mittelalter die italienischen Kleinstaaten, die kleinen italienischen Städte oder die deutschen Grafschaften und Herzogtümer gewesen sind. Sie konnten zwar Gesetze und Rechtsnormen schaffen, jedoch nur in den durch das Recht des Kaisers — das Römische — und das Recht des Papstes — das Kanonische Recht — bestimmten Grenzen. Sie konnten auch die Steuern und Gebühren nur insofern frei erhöhen, als die Ansprüche dieser beiden Machtfaktoren befriedigt waren. Nach Art. 174 des Friedensvertrages von Trianon, 2. Anhang, § 12, Punkt C, untersucht die Reparationskommission bei ihrer periodisch erfolgenden Schätzung der ungarischen Zahlungsfähigkeit das Finanzsystem des Landes nach folgenden Gesichtspunkten:

a) daß alle Einnahmen Ungarns vor allem zur Bezahlung der Reparationssumme dienen;

---

1) Bei der Drucklegung dieser Zeilen erfahre ich, daß die Reparationskommission eine Ergänzung des ungarischen Staatshaushaltes verlangt, die die Reparationsforderungen mit berücksichtige.

b) daß darüber Gewißheit verschafft wird, ob die Steuerbelastung in Ungarn mindestens so stark sei wie in den in der Reparationskommission vertretenen Staaten.

Es ist sehr schwer zu ermitteln, wie weit die Machtbefugnisse der Kommission sich erstrecken; da sie aber die Macht besitzt, so kann man wohl sagen: auf alles, und das um so mehr, als die Reparationskommission zu gleicher Zeit eine mit rechtsstatuierender Kraft ausgestattete Rechtsquelle darstellt, die hier in derselben souveränen Art ein über dem Staat stehendes Recht schaffen kann, wie seinerzeit der Papst und der Römische Kaiser den ihrer Macht untergeordneten Staaten gegenüber.

Soll dies z. B. bedeuten, daß, wenn die Ententemächte alle die sogenannten globalen Steuern einführen sollten, wir ebenfalls gezwungen werden, diese einzuführen? Oder soll es nur bedeuten, daß die Kopfsteuer der in den Ententestaaten bestehenden Steuerlast gleichgestellt sein muß? Bedeutet es, daß bei Feststellung der pro Kopf entfallenden Steuerlast die absoluten Summen verglichen werden müssen, oder kann es sich nur darum handeln, welcher Prozentsatz des Einkommens durch die öffentlichen Lasten beansprucht wird? All das ist ungewiß. Es ist zwar unbestreitbar, daß ein englischer Staatsbürger pro Person und in absoluten Zahlen ausgedrückt in demselben Zeitraum mehr Steuern zahlen kann als ein ungarischer Bürger, da sein Einkommen bedeutend größer ist, doch stößt die Feststellung der prozentualen Steuerbelastung auf Schwierigkeiten, einerseits, weil die Fixierung der indirekten Steuern innerhalb dieser prozentualen Quote sehr schwer ist, andererseits, weil die Schätzung des Gesamteinkommens ein fast unlösbares Problem darstellt.

Wir müssen daher bei jeder Konferenz und bei jeder Gelegenheit danach streben, daß die Finanzhoheit des Staates in ihrem ganzen Umfang gesichert werde. Natürlich darf nicht außer acht gelassen werden, daß all dieses mit der Frage der Reparationen eng verknüpft ist, und man muß auch diesbezüglich betonen, daß ohne das Fallenlassen der Reparationsforderungen und ohne die Unantastbarkeit des Finanzhoheitsrechtes das wirtschaftliche Vertrauen, worauf die Konferenz von Genua so großes Gewicht zu legen schien, in keiner Weise wiederhergestellt werden kann.

Auch die Art. 181 bis 199 des Friedensvertrages sind zu erwähnen, denn sie regeln den für Ungarn vielleicht traurigsten Teil des internationalen Finanzrechtes: die Liquidierung der Finanzen der früheren Monarchie und Ungarns und das Erbschaftsrecht der Nachfolgestaaten. Dieser Teil macht zwar in Art. 198 die Schaffung von Vereinbarungen von den Abkommen der interessierten Regierungen abhängig, doch werden in den Fällen, wo keine Vereinbarungen zustande kommen, ein oder mehrere Schiedsrichter von der Reparationskommission bestellt, deren Entscheidungen endgültig sind. — Das ist wiederum eine neue Rechtsquelle, die über dem Staat steht und deren Verfügungen die freie Ausübung der Finanzhoheit des ungarischen Staates unmöglich machen. Sie nehmen uns sogar in gewissem Maße in dem Fall unsere Souveränität, wenn wir gegenüber andern Staaten Repressalien ergreifen wollen. Diese Bestimmungen des Friedensvertrages können den ottomanischen Kapitulationen gleichgestellt werden. Sie machen natürlicherweise den Gebrauch der wirksamen Waffe einer passiven Resistenz nicht unmöglich, wie es sich im Falle Österreichs gezeigt hat, das bei den Verhandlungen mit der Tschechoslowakei mitunter schöne Erfolge erreichen konnte, indem es sich den ausdrücklichen Verfügungen des Friedensvertrages widersetzte.

Art. 200 des Friedensvertrages bestimmt, daß Ungarn die Erzeugnisse der Ententestaaten nicht mit höheren Steuern und Gebühren — die inländischen Steuern inbegriffen — belasten darf, als die Erzeugnisse des übrigen Auslandes. Diese Bestimmung ist nichts anderes als eine einseitige Sicherung der Meistbegünstigung. Ergänzt wird diese Verfügung durch Art. 211 mit der einseitigen Sicherstellung der Steuerklausel. Der ungarische Staat darf die Bürger der Ententestaaten nicht mehr als seine eigenen Staatsbürger belasten, eine Begünstigung, deren Reziprozität vollständig fehlt.

Die Konferenz von Genua brachte in dieser Hinsicht eine gewisse Erleichterung; die durch die neuen Friedensverträge arg kompromittierte Meistbegünstigungsklausel ist gewissermaßen in ein besseres Licht gerückt worden. Die wirtschaftliche Unterkommission hat in Art. 9 ausdrücklich die Notwendigkeit der Anwendung dieser Klausel anerkannt, was natürlich auch die in den Friedensverträgen nicht anerkannte Gegenseitigkeit bedingt. —

Es ist von großer Bedeutung, daß, während bei den übrigen Vereinbarungen oder Wünschen der Konferenz immer ausdrücklich betont wird, die Friedensverträge dürften dadurch nicht angetastet werden, dieser Vorbehalt hier fallen gelassen wird. (Siehe auch oben I/5.)

Vollständigkeitshalber seien hier noch die Art. 213, 249 und 250 erwähnt, welche von der Wegführung der Vermögen handeln; Art. 253 ist für die Nationalisierung der Gesellschaften, Art. 255 für die Versicherungsinstitute von Wichtigkeit. Anführen möchte ich schließlich noch Art. 248 und 263 des Friedensvertrages, ohne daß ich sie hier ausführlich behandle.

IV. Die Frage des Stichtages.

Was die Nachfolge anbetrifft, so ist hier eine der heikelsten und schwierigsten Fragen die Bestimmung des Stichtages, also die Feststellung dessen, von welchem Zeitpunkte ab die Einnahmen eines bestimmten Gebietes den betreffenden Nachfolgestaaten gehören oder — richtiger ausgedrückt — bis zu welchem Zeitpunkte die Zahlung oder irgendeine andere Rechtshandlung gegenüber dem Nachfolgestaate Rechtsgültigkeit besitzt, auch wenn diese noch für die alten ungarischen Behörden geleistet wurde.

Es besteht kein Zweifel darüber, daß die bei der Steuerbehörde des abgetrennten Gebietes geleistete Zahlung gegenüber allen Nachfolgestaaten rechtsgültig bleibt, wenn sie vor dem Stichtage geschehen ist. Demgegenüber kann die Zahlung nach dem Stichtage nur für denjenigen Staat rechtsgültig sein, dessen tatsächlichem Machtkreis die betreffende Staatskasse angehört. So ist z. B. eine dem ungarischen Staat zustehende Steuerzahlung, die vor dem Stichtage in Preßburg erfolgte, unbedingt rechtsgültig. Die Zahlung nach dem Stichtage ist es jedoch nur dann, wenn die Tschechoslowakei auf einen Teil der Steuer Anspruch hat. Der Steuer- oder Gebührenpflichtige kann nicht dafür verantwortlich gemacht werden, was seitens des Steueramtes des abgetrennten Gebietes mit dem eingezahlten Gelde geschieht, daß es vielleicht abgeführt oder zur Deckung des dortigen Kommunalbedarfes verwendet wurde.

Derselbe Grundsatz ist auch bei den auf die Verbrauchsteuern geleisteten Vorschüssen anzuwenden.

Hierher gehört auch der Fall, wenn die Steuer- oder Gebührenschuld von dem Zahlungspflichtigen bei der Post eingezahlt, der Gegenwert aber von der Post aus irgendeinem Grunde dem zuständigen Steueramt nicht mehr ausgefolgt worden ist, denn der im guten Glauben handelnde Geldsender kann nicht für die Nachteile verantwortlich gemacht werden, welche aus einer Unterlassung der Zustellung bzw. der Benachrichtigung des zuständigen Steueramtes entstanden sind.

Beim Kleben von Stempelmarken kann als Grundsatz aufgestellt werden, daß derjenige, der seine Schriften vor dem Stichtage mit ungarischen Stempelmarken versehen hat, seine Verpflichtungen erfüllte, ja selbst dann, wenn er nach dem Stichtage, aber noch vor dem Zeitpunkte, von welchem ab der betreffende Staat für das neue Gebiet seine eigenen Stempelmarken einführte, die ungarischen Stempelmarken benutzt hat.

Wir kommen nun zur Frage der Rückstände. Bei diesen gibt es drei Möglichkeiten:

a) es gibt Rückstände, welche auf einer vor dem Stichtage entstandenen rechtskräftigen Entscheidung fußen;

b) es gibt solche, für deren Veranlagung das Verfahren anhängig gemacht wurde, aber bis zu dem genannten Zeitpunkte keinen rechtsgültigen Abschluß finden konnte;

c) es gibt Rückstände, für die kein Verfahren angestrengt wurde, obgleich der die Steuer- oder Gebührenpflicht statuierende Umstand sich noch vor dem Stichtage abgespielt hat.

Bei der Beurteilung der Frage ist zu entscheiden, wer auf diejenigen Rückstände Anspruch hat, welche noch vor dem Stichtage entstanden sind und von einer nach den alten Rechtsverordnungen zuständigen, jetzt aber z. B. unter tschechoslowakische Staatshoheit fallenden Steuerbehörde eingefordert wurden: der ungarische oder der Nachfolgestaat?

Es scheint, daß es zweckmäßig wäre, eine Vereinbarung zu schaffen, wonach Ungarn gegen Übernahme gewisser Verpflichtungen auf alle jene Rückstände verzichtet, welche die unter die Souveränität des Nachfolgestaates fallenden steuer- oder gebührenveranlagenden Behörden aus den Vermögen der derselben Staatshoheit unterstehenden Personen einfordern. Nachdem der ungarische Staat bis zum 1. Januar 1919 alle Verwaltungsausgaben der abgetrennten Gebiete sowie die Zinsen der Staatsschuld — und sogar noch mehr — allein bestritten hat, hätte grundsätzlich der ungarische Staat auf diese Rückstände Anspruch. Ich teile zwar nicht die von tschechischer Seite verfochtene Auffassung, wonach alle Forderungen aus beweglichem Besitz, aus Rechten, also auch aus den allgemeinen Lasten in den auf Grund des Friedensvertrages abgetretenen Gebieten dem Nachfolgestaat gebühren[1]), doch sind dem

[1]) Das tschechoslowakische Verwaltungsgericht führt diesen Grundsatz derartig folgerichtig durch, daß selbst dann, wenn es sich um einen durch den alten ungarischen Staat verliehenen Titel oder um eine solche Auszeichnung handelt, welche die tschechoslowakische Verfassung abgeschafft hat, die Veranlagung und Eintragung der darauf

ungarischen Staat dadurch erhebliche Verpflichtungen entstanden, daß die Steuerbehörden als Gerichts- und Vormundschaftsdepositenkassen, als die Ein- und Auszahlungskassen von Staatsbetrieben, Forstverwaltungen usw. wirken. Wenn also der Nachfolgestaat die bei diesen Steuerämtern durch Bareinzahlungen entstandenen Verpflichtungen übernimmt, so kann auch der ungarische Staat gewisse Arten von Rückständen zum Ausgleich überlassen.

Man könnte höchstens fordern, daß dann, wenn das Veranlagungsverfahren sich nicht nur auf dort liegendes Vermögen bezieht, die veranlagte Summe nach den im folgenden bezeichneten Grundsätzen zwischen Vermögen und Einkommen proportional verteilt werde. Bei den Steuern mit globalem Charakter muß das Einkommen aus einem örtlich nicht zu bestimmenden Vermögensobjekt oder Kapitalswert den Umständen des Falles gemäß unter Anwendung des Billigkeitsprinzips verteilt werden. Demgegenüber müssen auch die ungarischen Steuerbehörden, wenn sie jemanden in den Jahren 1919 und 1920 auf Grund seines dortigen Vermögens oder Einkommens besteuert haben, nach denselben Grundsätzen die Zuständigkeit des Nachfolgestaates anerkennen, so z. B. bei Zahlung der Gebühren für die Grundbucheintragung.

Was die materielle Rechtsgültigkeit des gefaßten Beschlusses anbetrifft, entsteht die Frage, ob man unterscheiden soll zwischen Angelegenheiten, welche ihre Rechtskraft schon vor dem Stichtage erlangt haben und solchen, welche erst seither entschieden wurden. Die Frage ist praktisch die: kann z. B. eine durch das Budapester Verwaltungsgericht im Jahre 1919 in einer Preßburger Angelegenheit gefällte Entscheidung von dem Preßburger Steuer- oder Gebührenamt als rechtsgültig anerkannt werden? Ich glaube, daß aus ökonomischen Rücksichten eine Anerkennung der Rechtsgültigkeit hinsichtlich der vor dem 1. Januar 1919 anhängig gemachten Sachen am Platze ist. Es kann allerdings auch das Gegenteil vorkommen. Der Fall könnte eintreten, dass z. B. ein Steuerzahler Oberungarns, obzwar sein Vermögen oder Einkommen aus ungarischen Vermögenswerten besteht, bzw. aus solchen fließt, in einer im Jahre 1918 anhängig gemachten Steuerangelegenheit im Laufe des Appellationsverfahrens unter den Urteilsspruch der Obersten Tschechischen Behörde gelangt. Dann muß nämlich, nach dem im ersten Absatz Gesagten, der aus den Rückständen auf das

---

fallenden Taxen und Gebühren als rechtmäßig angesehen wird, da die Abschaffung der Titel usw. die rechtmäßig entstandene Taxen- und Gebührenforderung nicht aufheben kann.

ungarische Vermögen bzw. Einkommen entfallende Teil ausgefolgt werden.

Aber während die aufgeworfene Frage gegenüber dem tschechischen Staate und gegenüber Deutsch-Österreich leicht zu lösen ist, kann sie mangels entsprechender Behörden in den an Rumänien, Jugoslawien und Italien gefallenen Gebieten kaum entschieden werden.

Et nunc venio ad fortissimum.

Welche sollen die Stichtage sein? Der Zeitpunkt der tatsächlichen Besitzergreifung oder ein anderer vom Standpunkt der Rechnungsführung begründbarer Tag? Die tatsächliche Inbesitznahme kann oft schwer zu lösende Verwirrungen verursachen und ist auch insofern nicht immer maßgebend, da in den meisten fraglichen Gegenden das Wirtschafts- und Rechtsleben schon Tage, ja Wochen früher stockte. Es scheint richtiger, einen kalendermäßig festzusetzenden Zeitpunkt zu wählen, so gegenüber der Tschechoslowakei, Rumänien, dem SHS-Staate und Fiume den 1. Januar 1919, gegenüber Österreich (hinsichtlich Westungarns) den 1. Januar 1922.

V. Übergangs-Bestimmungen.

Nach dem Umsturz im Oktober 1918 wurden gewisse zu unserem Gegenstand gehörende Fragen durch die Gesetzgebung und durch Verordnungen des ungarischen Staates geregelt.

Bei der Einkommenssteuer schreibt die Verordnung vom 10. Oktober 1920 Nr. 89, 900/VII die Anmeldung der seit dem Jahre 1916 im Auslande erworbenen Vermögen vor. Die §§ 40 und 87 des G.A. XXIII/1920 ermächtigen den Finanzminister, hinsichtlich der aus den nicht unter ungarischer Verwaltung stehenden Gebieten stammenden Vermögen und Einkommen für den Steuerzahler günstige, von den allgemeinen Regeln abweichende Bestimmungen zu erlassen, ja in gewissen Fällen sogar vollständig nach eigenem Ermessen vorzugehen. Doch wird diese Ermächtigung durch einzelne Abteilungen des Finanzministeriums dahin ausgelegt, daß nur die nach 1920 fälligen Steuern günstiger behandelt werden könnten, und selbst die auf Grund der gesetzlichen Ermächtigung erlassene Verordnung des Finanzminsteriums Nr. 112, 767/920 ist nicht in dem Sinne verfaßt wie die betreffende Stelle des Gesetzes gedacht war. Die fragliche Verordnung sieht vier Möglichkeiten vor:

a) das ausländische Vermögen und Einkommen eines im Auslande wohnenden ungarischen Staatsbürgers;

b) das in Ungarn vorhandene Vermögen und Einkommen eines im Auslande wohnenden ungarischen Staatsbürgers;

c) ausländisches Vermögen und Einkommen eines in Ungarn wohnenden fremden Staatsbürgers;

d) in Ungarn vorhandenes Vermögen und Einkommen eines im Auslande wohnenden fremden Staatsbürgers.

Alle diese Vermögen und Einkommen sind zu versteuern. Doch erklärt der Minister, daß er geneigt sei, Vereinbarungen zu treffen und auch ohne Vereinbarung den Grundsatz der Gegenseitigkeit für die abgetretenen Gebiete dahingehend in Anwendung zu bringen, daß er das im Auslande vorhandene Vermögen und Einkommen eines Ungarn (a) nicht besteuern wird, wenn der fremde Staat das in Ungarn vorhandene Vermögen und Einkommen seines eigenen Staatsbürgers (d) ebenfalls nicht besteuern wird.

Mit andern Worten bedeutet das: wenn der tschechoslowakische Staat gegenüber dem eigenen Bürger ungerecht verfährt, wird sich der ungarische Staat dieselbe Ungerechtigkeit seinem eigenen Bürger gegenüber zuschulden kommen lassen, — als ob es das richtige Mittel der Retorsion oder der Verteidigung gegen ein vom andern Staat begangenes Unrecht wäre, die eigenen Bürger zu treffen, ganz abgesehen davon, dass alle Nachfolgestaaten alle ungarischen Verordnungen, welche in ihrer Wirkung der Lösung aller wirtschaftlichen Verknüpfungen Ungarns mit den abgetretenen Gebieten gleichkommen, mit großer Freude begrüßen.

Durch G.A. XXXIV/1920 wird auch die Frage der Gebühren entsprechend dem vorher Gesagten in engherziger Weise geregelt.

§ 9 stellt den richtigen Grundsatz auf, daß der Staat über das unbewegliche Vermögen unbedingte Souveränität besitzt. Nach § 10 ist jedoch das ausländische bewegliche Vermögen des ungarischen Staatsbürgers gebührenpflichtig, was zweifellos unrichtig ist, denn dadurch werden Ungarn veranlaßt, sich von ihren in den abgetrennten Gebieten liegenden Interessen eher loszusagen, als daß sie darauf z. B. doppelte Erbschaftsgebühr entrichteten (gar nicht davon zu reden, daß eine solche Veranlagung in den meisten Fällen nicht eintreibbar sein oder zu unnötigen Belästigungen Anlaß geben wird). § 11 bringt die Gegenseitigkeit auf dieselbe Formel wie schon die Verordnung Nr. 112,767/1920. Wenn der Ausländer auf sein in Ungarn befindliches Vermögen keine Erbschaftsgebühr zahlen muß, so besteht auch für den Ungarn keine Verpflichtung zur Gebührenzahlung auf sein ausländisches bewegliches Vermögen. Diese Lösung scheint vorauszusetzen, daß das Ausland sich angelegentlich darum kümmert, wie der ungarische Staat mit seinen Bürgern verfährt, oder daß der ungarische Bürger die Möglichkeit besitzt, das Ausland zu zwingen, seine Staatsangehörigen gerecht zu behandeln.

Am anfechtbarsten ist jedoch § 12. Eine in Ungarn ausgestellte Urkunde ist unter allen Umständen dort mit Gebühren belastet. Eine im Ausland ausgestellte Urkunde ist dann in Ungarn gebührenpflichtig, wenn auf dieser Grundlage irgendeine Rechtshandlung geschieht, selbst dann, wenn nur die Abschrift oder die Übersetzung der Urkunde zu amtlichen Zwecken verwendet wird. Diese Bestimmungen erzeugen eine vollständig hermetische Abschließung der Nachfolgestaaten untereinander und sind deshalb unhaltbar.

VI. Leitsätze der zukünftigen Regelung.

Was die sich in der Zukunft ergebende Lage betrifft, muß die Regelung nach Steuergruppen gesondert erfolgen.

1. Das schwierigste Problem ist die Frage der Vermögensabgabe. Ich verstehe unter Vermögensabgabe die sachliche und globale Vermögenssteuer. Zweifellos sind all diese Steuern als verwandte Steuerarten anzusehen. Ebensowenig ist wohl zu bestreiten, daß, wenn ein Besitz innerhalb eines Staatsgebietes bereits unter die Vermögensabgabe gefallen ist, derselbe in einem andern Staate nicht nochmals besteuert werden kann. Wichtig ist diese Feststellung aus dem Grunde, weil einerseits die „Nationalisierung", andererseits die durch § 232,2 und § 249 des Friedensvertrages gesicherte Überführung des Vermögens aus dem einen Nachfolgestaate in den andern die klare Betonung obigen Grundsatzes verlangt;(in Ungarn kommen für die Vermögensablösung vier Termine in Frage: der 20. Dezember 1920 für die Bankeinlagen, der 19. Januar 1921 für die ausländischen Effekten, der 1. März 1921 für die Aktiengesellschaften und der 31. März 1921 für die Bodenablösung; in Österreich fällt der Termin auf den 30. Juni 1920, in der Tschechoslowakei auf den 1. April 1919, in Rumänien auf den 1. Januar 1922.)

Ungarns bisherige Vermögensablösungs-Gesetze und die Vermögensabgabe-Gesetzgebung des Auslandes lösen die Frage der staatlichen Steuerhoheitsrechte hinsichtlich ihres territorialen und personalen Umfanges in sehr verschiedener Weise.

a) Das österreichische Gesetz vom 21. Juli 1920 macht in § 7 die Vermögensabgabe von der Staatsangehörigkeit, bzw. bei Rechtspersonen vom Wohnsitz abhängig. Besteuert wird das Gesamtvermögen. Doch wird die auf das ausländische Vermögen im Auslande entrichtete Steuer nach § 8 von der österreichischen Steuer in Abzug gebracht.

Das Gesetz benennt das ausländische Vermögen: „an das Ausland gebundenes Vermögen". Ich glaube unter dem Gesichtspunkte einer Begriffsbestimmung liegt hier auf dem Wort „gebunden" großes Gewicht, da das Gesetz die örtliche Gebundenheit als oberstes Charakteristikon ansieht. Der Begriff der örtlichen Gebundenheit wird durch § 11 des Gesetzes unter dem Gesichtspunkte des Inlandes umschrieben, so daß das Gegenteil jener Verfügung für das Auslandsvermögen gilt.

Das Gesetz bringt folgende Aufzählung: das an das Inland gebundene Vermögen ist

1. das im Inlande liegende Grundstück und Gebäude;

2. das zu Zwecken eines im Inlande betriebenen Unternehmens oder einer andern gewinnbringenden Beschäftigung bestimmte Vermögen;

3. die auf inländische Immobilien eingetragene Forderung;

4. das Fideikommiß-Vermögen.

Nicht hierher zu zählen sind: der Besitz von Aktien, Anteilscheinen und andern ähnlichen Wertpapieren, d. h. durch den Aufbewahrungsort der Wertpapiere ist der Beweis von deren territorialer Gebundenheit nicht erbracht.

Das territoriale Gebundensein einer Forderung hängt von der Hypothek ab. Nicht die Staatsangehörigkeit des Schuldners ist bestimmend; entscheidend ist lediglich die Staatsbürgerschaft des Gläubigers.

Von den Ausländern werden diejenigen, die einen qualifizierten Wohnsitz (eine Aufenthaltsdauer von drei bzw. fünf Jahren) haben, wie Österreicher behandelt. Der Ausländer zahlt auf sein in Österreich liegendes Vermögen nur in den angeführten vier Fällen Steuern. So entrichtet z. B. der ausländische Staatsbürger auf seinen in Wien aufbewahrten Wertpapierbesitz keine Steuern, was für Wien als Finanzzentrum von großer Bedeutung ist.

b) Nach § 2 des rumänischen Vermögenssteuergesetzes wird auch das Auslandsvermögen der rumänischen Staatsbürger besteuert. Hingegen die Ausländer und die in Rumänien wohnenden nichtrumänischen Bürger zahlen die Steuer nur auf ihre im Lande selbst befindlichen Vermögenswerte. Der rumänische Staatsbürger kann nach § 2^{c} von seinem Gesamtvermögen die im Auslande bezahlte Vermögenssteuer als Debetposten wohl in Abzug bringen, kann jedoch diese Steuer von seiner inländischen Vermögenssteuer nicht abziehen, wie es z. B. bei den Österreichern geschieht.

§ 5 des Gesetzes klärt darüber auf, welches Vermögen als an rumänisches Gebiet gebunden gilt. Alles bewegliche und unbewegliche Gut ohne Ansehen seines Nutzwertes, insbesondere das in Grund und Boden oder in Gebäuden, landwirtschaftlichen, industriellen und kommerziellen Einrichtungen und in Verkehrsmitteln angelegte Kapital ist als rumänisches Vermögen zu betrachten.

Als rumänisches Vermögen gelten ferner in rumänischen Renten, in jeglichen rumänischen und ausländischen Wertpapieren, in Obligationen und Aktien angelegte Kapitalien. Es sind heute noch keine Ausführungsbestimmungen vorhanden, und wir müssen daher bei der Auslegung des etwas unklaren Gesetztextes davon ausgehen, daß, indem das Gesetz eine globale Steuer errichten will, es das Vermögen in erster Linie als an die Person gebunden ansieht, und daß daher die territoriale Gebundenheit als Grundlage für die Beurteilung nur eine Ausnahme sein kann. Das Vermögen des Ausländers wird in Rumänien augenscheinlich in ähnlicher Weise beurteilt, wie im österreichischen Gesetz, z. B. wird die Forderung an einen rumänischen Schuldner nicht ipso facto als rumänisches Vermögensobjekt betrachtet, wenn der Gläubiger ein ungarischer Staatsbürger ist.

Hinsichtlich der Wertpapiere verfügt Punkt 3 des Gesetzes ausdrücklich in abweichender Weise. Das in rumänischen Renten oder anderen rumänischen Wertpapieren angelegte Vermögen wird unter allen Umständen als rumänisches Vermögen betrachtet. Bei den rumänischen Aktien eines Ausländers ist indessen die Rechtslage nicht mehr ganz so klar, da die Aktiengesellschaft nach Maßgabe ihres Sitzes Steuern zahlt und daher die Aktien des Ausländers vom Standpunkt des rumänischen Staates aus kaum einer nochmaligen Vermögenssteuer unterzogen werden können.

Für die ausländischen Aktiengesellschaften bestimmt § 22, daß in dem Falle, wenn ein ausländisches Unternehmen auf dem Gebiet des rumänischen Staates eine Niederlassung besitzt, ein Drittel des dort investierten Kapitals als das eigene Vermögen des Instituts oder des Unternehmens gilt, und die Vermögenssteuer muß auf Grund dieser Teilsumme entrichtet werden. Aber auch hier bleibt die Frage ungeklärt, wie jene Kapitalien, welche das Hauptunternehmen außer den in seinen Tochtergesellschaften angelegten in Rumänien besitzt, zu behandeln sein werden, wie überhaupt die Frage nicht gelöst ist, was mit jenen Summen und Vermögenswerten zu geschehen hat, welche Aktiengesellschaften ohne eigene Filialen in Rumänien dort besitzen.

c) Das tschechoslowakische Vermögenssteuergesetz vom 25. Juni 1920 betrachtet nicht die Staatsangehörigkeit als Ausgangspunkt. Jeder, der in der Tschechoslowakei seinen Wohnsitz hat, wird dort besteuert, auch auf sein ausländisches Vermögen, vorausgesetzt, dass dieses Vermögen nicht bereits besteuert ist, und vorausgesetzt, daß der betreffende ausländische Staat die Gegenseitigkeit anerkennt (§ 2^1, § 42^2); d. h.: wenn Ungarn das in der Tschechoslowakei liegende Vermögen eines in Ungarn wohnenden tschechoslowakischen Staatsbürgers steuerlich belastet, so wird auch das in Ungarn befindliche Vermögen eines in der Tschechoslowakei lebenden Ungarn besteuert. Eine überaus harte Retorsionsmaßnahme, durch welche jedoch in erster Linie nicht die Tschechoslowakei, sondern derjenige ungarische Bürger getroffen wird, der in der Tschechoslowakei zu wohnen gezwungen ist.

Nicht im Inlande wohnende Personen und nicht inländische Aktiengesellschaften zahlen nach § 2^2 und § 42^3 die Vermögenssteuer in der Tschechoslowakei.

§ 3 des Gesetzes bestimmt, welche Vermögenswerte als im Inlande liegend zu gelten haben. Bei Sachgütern ist der Ort maßgebend, wo sie sich befinden, hingegen bei Sachrechten der Ort, an dem das Rechtsobjekt liegt. Wenn es sich um Rechte handelt, welche an keine Sachgüter gebunden sind, so ist der Aufenthalts- oder Wohnort der zur Steuerzahlung verpflichteten Personen ausschlaggebend, (natürlich bleibt die Frage ungeklärt, wie die Lage aufzufassen ist, wenn es sich um Schuldner mit gemeinsamer Haftung, oder um Schuldner mit mehreren Wohnsitzen handelt).

Bei auf inländische Immobilien sichergestellten Forderungen, bei inländischen Mobilien, Geldern, Wertpapieren ist der Aufbewahrungsort maßgebend, oder, wenn eine Aufbewahrung nicht in Frage kommt, der Auffindungsort. Wir sehen also hier hinsichtlich der Wertpapiere einen der österreichischen Auffassung vollständig entgegengesetzten Standpunkt.

d) Die ungarischen Gesetze bilden, was die Lösung dieser Fragen anbelangt, ein wahres „mixtum compositum". Durch Kap. I des ersten Vermögensablösungsgesetzes wurden ausländischen Staatsbürgern und juristischen Personen mit ausländischem Sitz und vom Auslande verwaltet, in den Punkten e—f des § 2 gewisse Steuerbefreiungen zugesichert. In Übereinstimmung mit der österreichischen, rumänischen und tschechischen Auffassung wird die Forderung als das Vermögen des Gläubigers angesehen. Kap. 2 stellt fest, daß die Vermögensabgabe auf Aktien eine globale Steuer ist, daß aber solche Aktiengesellschaften, welche im Auslande Niederlassungen besitzen, eine mildere Behandlung bei der Veranlagung vom Landesfinanzrat erbitten können, doch behält der Oberste Landesfinanzrat in dieser Beziehung vollkommen freie Hand. Nach § 31 des Kap. III ist der ungarische Staatsbürger verpflichtet, auf seine ausländischen Geldsorten, Forderungen und Wertpapiere Steuern zu zahlen, ungeachtet dessen, ob diese Werte sich im Inland oder Ausland befinden. Aber auch der in Ungarn wohnende oder sich dort längere Zeit aufhaltende Ausländer und die ausländischen Aktiengesellschaften, welche ihre Niederlassungen in Ungarn haben, müssen Steuern entrichten. Störend ist dort die Verfügung, daß die Forderung nicht einmal einem ausländischen Schuldner gegenüber bestehen muß, um steuerpflichtig zu sein, sondern sie wird selbst dann steuerlich belastet, wenn sie von einem inländischen Schuldner in fremder Währung gefordert wird. Ebenso ist es unzweckmäßig, daß die Ausländer im allgemeinen steuerfrei sind, mit Ausnahme der Tschechoslowaken. Auch die ständig im Auslande wohnenden Ungarn sind von der Steuer befreit, sodaß eine einheitliche Stellungnahme überhaupt fehlt und die Unklarheiten durch § 178 des G.A. 45/1921 nur noch vergrößert werden. G.A. 45/1921 regelt die Besteuerung der inländischen Niederlassungen oder Filialen ausländischer und im Auslande verwalteter Unternehmungen. Während der tschechoslowakische Staat die Aufstellung einer sogenannten „Liquidierungsbilanz“ ausführlich bestimmt und der rumänische Staat mit der Fiktion arbeitet, daß ein Fünftel des in Rumänien angelegten Kapitals als rumänisches Vermögen anzusehen sei, kann dagegen das ungarische Gesetz keine entsprechende Maßnahmen aufweisen. § 120 besagt nur, daß der Bestand vom 1. März 1921 bestimmend ist, doch sind die Feststellungsmodalitäten dieses Bestandes in äußerst mangelhafter Weise vorgeschrieben.

Es fällt schwer, sich in dem kurz skizzierten, überaus verwickelten Stoff zurechtzufinden. Ich will trotzdem versuchen, einige Postulate als erstrebenswertes Ziel aufzustellen.

1. Es kann kein Zweifel darüber bestehen, daß persönliche Steuer und Sachsteuer hinsichtlich der Doppelbesteuerung identisch sind; es bleibt sich ja gleich, ob die Vermögensabgabe als eine globale, persönliche Steuer oder aber als eine dem Vermögensobjekt anhaftende Steuer behandelt wird. Diese Auffassung scheint auch

in der italienischen Vereinbarung vom 6. April 1922 anerkannt worden zu sein.

2. In der Frage, ob der Wohnsitz oder die Staatszugehörigkeit den Ausschlag geben soll, scheint jene Auffassung die richtige, die den Wohnsitz als in erster Linie bestimmend betrachtet. Die Gesetze, welche die Staatsangehörigkeit in den Vordergrund stellen, nehmen daneben auch den Wohnsitz als mitbestimmenden Faktor an. Es ist zwecklos, die Staatsangehörigkeit deshalb als Grundlage anzunehmen, um so jene Vermögen steuerlich zu erfassen, welche im Auslande von der Vermögenssteuer nicht betroffen wurden, da einerseits diese Summen unbedeutend sind und andererseits dadurch die Betroffenen zum Aufgeben ihrer Auslandsinteressen gezwungen werden.

3. Wenn der Steuerpflichtige auch im Ausland einen Wohnsitz oder ein wirtschaftliches Unternehmen hat, so kann er mit dem Ausländer nicht mehr gleichgestellt werden, sondern es müssen in diesem Falle die an die Person gebundenen Vermögenswerte, z. B. Forderungen, geteilt werden. Immobilien und körperlich greifbare Mobilien sind dort, wo sie sich befinden, zu besteuern.

4. Die Forderungen sind an die Person des Gläubigers gebunden und werden demnach am Wohnsitz des Gläubigers besteuert, da sie ja ein Bestandteil seines Vermögens sind. Ungarn ist zur Diskussion über diesen allgemeinen Gesichtspunkt um so mehr berechtigt, als Ungarn die Ausländer, die in Ungarn Forderungen besitzen, nicht besteuert. Es ist zwar richtig, daß dieses Prinzip mit Abschnitt III des Vermögensablösungsgesetzes nicht übereinstimmt, doch ist dieser Abschnitt wohl von sekundärer Bedeutung.

5. Betreffs der eingetragenen Forderungen nehmen die Gesetze des Auslandes und die ungarischen Vermögens- und Einkommensteuergesetze denselben Standpunkt ein; sie alle erblicken in dem Standorte des Hypothekobjektes das bestimmende Moment. Die Berechtigung dieser Auffassung kann nicht anerkannt werden, weil eine Forderung in jedem Falle einen Vermögensbestandteil des Gläubigers darstellt.

6. Hinsichtlich der Wertpapiere empfiehlt sich der österreichische Standpunkt. Ungarn ist ohnehin nicht in der Lage, die auf seinem Gebiet befindlichen, aus dem Ausland oder den abgetrennten Komitaten stammenden Depots zu besteuern, da § 249 des Friedensvertrages dies nicht gestattet.

7. Es wäre wichtig, ein Übereinkommen zu treffen, wonach diejenigen Vermögensgegenstände, die der eine Staat auf seinem

Gebiet nicht besteuert oder die aus irgendeinem Grunde von der Steuer befreit werden, auch in dem andern Staate Steuerfreiheit genießen, wenn sie der Steuerhoheit des ersten Staates unterworfen sind.

Die Vereinbarung zwischen Italien und den österreichischen Nachfolgestaaten stellt in Art. 7 den Grundsatz auf, daß die Objekte, welche auf dem Territorium eines Staates liegen, dort auch besteuert werden, und daß im allgemeinen bezüglich der Besteuerung des Kapitals die für das Einkommen geltenden Normen maßgebend sind.

Es muß hier erwähnt werden, wie die durch die Aktiengesellschaften geleistete Vermögensabgabe bei der Vermögensabgabe der Aktionäre einzurechnen ist.

Leider ist diese Frage in den Gesetzgebungen nicht gebührend entwickelt und geregelt, und, ausgenommen die tschechoslowakische Vermögensabgabe, wird der seitens der ausländischen Aktiengesellschaften für die Aktionäre geleistete Betrag bei der Vermögensabgabe der Aktionäre nicht eingerechnet, auch dann nicht, wenn diese Einrechnung hinsichtlich der inländischen Gesellschaften erlaubt wird.

2. Die einfache Vermögenssteuer erfaßt, laut § 1, 1 des Gesetzes XXXII/1916, das Gesamtvermögen des ungarischen Staatsbürgers, und, nachdem durch § 6 die Gegenseitigkeit betont wird, bestimmen § 7, 3 und § 8, 3, daß die Besteuerungsbasis auch auf ausländische Forderungen, Sparkasseneinlagen und Wertpapiere ausgedehnt wird. Alle diese Bestimmungen gelten mit den Einschränkungen der Verordnung des Finanzministeriums Nr. 112,767/1920, es werden also von Ungarn die Auslandsvermögen ungarischer Staatsbürger nicht besteuert, wenn das Ausland das in Ungarn befindliche Vermögen seiner Bürger ebenfalls steuerfrei läßt. Hinzu kommt noch, daß Ungarn die Vereinbarung mit Österreich über die Gegenseitigkeit gekündigt hat, sodaß es heute weder mit Österreich noch mit dessen Nachfolgestaaten eine vertraglich gesicherte Gegenseitigkeit besitzt. Ebensowenig gibt es eine Gegenseitigkeit zwischen Ungarn und Ungarns Nachfolgestaaten.

1. Hinsichtlich der einfachen Vermögenssteuer geht die österreichische und die tschechische Gesetzgebung im großen und ganzen ähnlich vor wie die ungarische. In Wirklichkeit erfassen die Steuerbehörden das Inlandsvermögen nicht. Rumänien besitzt

keine Steuer, die der ungarischen einfachen Vermögenssteuer entspräche.

Ich glaube, daß auch bei der Regelung der hierher gehörenden Fragen das empfehlenswerteste jenes Prinzip ist, welches schon bei der großen Vermögenssteuer als entscheidend betont wurde, daß nämlich jedes Vermögensobjekt auf dem Gebiete zu besteuern sei, an welches es gebunden ist.

Im Art. 9 der Vereinbarung zwischen Italien und den Nachfolgestaaten heißt es auch, daß bei der wiederkehrenden Vermögenssteuer dieselben Grundsätze anzuwenden sind, welche für die einmalige Vermögensabgabe festgesetzt wurden.

Über Grund- und Häuserbesitz kann in dieser Hinsicht keine Unklarheit herrschen.

Bei Forderungen bestimmt das Vermögenssteuergesetz, daß eine jede im Inlande oder im Auslande bestehende verzinsliche oder unverzinsliche Kapitalforderung (§ 8, 1), desgleichen die ausländische Aktie oder das ausländische Wertpapier als steuerpflichtiges Kapitalvermögen zu gelten haben.

Hinsichtlich der inländischen Steuerpflichtigen nimmt das ungarische Gesetz also die Person des Gläubigers als ausschlaggebend an. Wenn es sich aber um einen ausländischen Staatsbürger handelt, ist die Lage eine wesentlich andere. Die Forderung des Ausländers, welche auf ein inländisches Grundstück hypothekarisch eingetragen ist, wird nämlich für steuerpflichtig erklärt. Die Frage, was bei Vorhandensein eines Faustpfandes zu geschehen hat, berührt das Gesetz nicht.

Die ungarische Gesetzgebung, und man kann hinzufügen, auch die österreichische und tschechische, ist keineswegs folgerichtig. In dem einen Falle wird die Forderung beim Gläubiger, in einem andern Falle beim Schuldner steuerlich belastet. Ich glaube, daß die Forderung unter Zugrundelegung der Sicherheit nicht besteuert werden darf. Zwar arbeitet das Kapital in den Händen des Schuldners, und der Fleiß des Schuldners verschafft dem ausländischen Gläubiger Einnahmen. Aber wenn man auch die Zinsen als einen Bestandteil des von dem Schuldner erworbenen Einkommens betrachtet, so ist es doch zweifellos, daß dieses Einkommen grundsätzlich an die Person des Gläubigers gebunden ist.

Besonders für die Ungarn ist die Geltendmachung dieses Standpunktes wichtig, weil sie in den abgetrennten Gebieten beträchtliche Forderungen haben (vgl. oben unter 1).

Die Frage verliert viel von ihrer praktischen Bedeutung, wenn es gelingt, hinsichtlich der zur öffentlichen Rechnungslegung verpflichteten Gesellschaften eine einigermaßen gesonderte Beurteilung durchzusetzen, da die Privatkapitalien in dieser Hinsicht wirklich nicht ins Gewicht fallen. Wenn man verhüten will, daß auch hier wichtige wirtschaftliche Verknüpfungen zerrissen werden, dürfen jedoch selbstverständlich die geliehenen Kapitalien, wenn diese in den abgetrennten Gebieten schon einmal besteuert wurden, in Ungarn nicht einer nochmaligen Besteuerung unterzogen werden.

3. Bei den Boden- und Haussteuern ergibt sich die territoriale Gebundenheit aus der Natur der Sache. Als Grundsatz muß hier aufgestellt werden, daß das aus Boden- und Hausbesitz stammende Einkommen nur an seiner Quelle besteuert werden kann und an einem andern Orte nicht besteuerbar ist, und zwar weder mit Ertragssteuern, noch mit Einkommensteuern. Für einen in Ungarn wohnenden siebenbürgischen Grundbesitzer ist die Lage folgendermaßen:

Er zahlt in Rumänien laut Karte A auf sein Pachteinkommen 34% (§ 3).

Er zahlt in Rumänien laut Karte C eine weitere Summe von 18% (§ 18).

Er zahlt in Rumänien unter Titel der allgemeinen Einkommensteuer 4 bis 50 %.

Er zahlt in Ungarn für Kapitalertrags- und Rentensteuer 10% (G.A. XXII/1875, § 1, 4).

Außerdem zahlt er noch Einkommens- und Vermögenssteuer; letztere auf jeden Fall, da in Rumänien keine einfache Vermögenssteuer besteht.

Beim Hausbesitz ist die Lage etwas günstiger. Hier beträgt die Steuer eines außerhalb Rumäniens wohnenden Besitzers nur 30%, während auf den Grundbesitz 52 % zu entrichten sind.

Demgegenüber zahlt der rumänische Staatsbürger auf sein ungarländisches Vermögen die Einkommensteuer in Rumänien.

Das ist ein ganz unmöglicher Zustand.

Vor allem muß die Besteuerung des Absentismus verhindert werden. Der von der rumänischen Gesetzgebung eingenommene Standpunkt unterbindet vollkommen die Bewegungsfreiheit der Staatsbürger der Nachfolgestaaten. Andererseits muß aber auch Ungarn sich entschließen, die Verfügung des G.A. XXII/1875, § 1, 4, wonach das aus dem Auslande stammende Einkommen aus Grund- und Hausbesitz im Inlande besteuert wird, aufzuheben.

Als selbstverständlich wird vorausgesetzt, daß bei der Veranlagung der Einkommens- und Vermögenssteuern die auf fremdem Staatsgebiet liegenden Immobilien nicht in Betracht kommen können.

Die Vereinbarungen zwischen Italien und den Nachfolgestaaten stellen in Art. 1 auch ausdrücklich fest, daß das Einkommen aus Immobilien „nur" in dem betreffenden Staate zu besteuern ist, was sich laut Art. 6 auch auf die Einkommen- und laut Art. 7 auf die Vermögenssteuer bezieht.

4. Die Erwerbssteuer, Klasse III, erfaßt laut G.A. XXIX/1875, § 5, 2 den Verdienst der Ausländer in dem Jahre der Einwanderung nicht, und läßt auch, unter Voraussetzung der Gegenseitigkeit, die von Zeit zu Zeit erfolgende Tätigkeit ausländischer Handlungsreisender und reisender Gewerbetreibender in Ungarn unbesteuert.

Ergänzt werden diese Bestimmungen durch das Abkommen mit Österreich, dessen Leitgedanken grundsätzlich noch heute gutzuheißen sind. G.A. XIV/1908, § 7 stellt den Grundsatz auf, daß, wenn ein Unternehmen den Betrieb von seiner auf dem einen Staatsgebiete liegenden Niederlassung auf das Gebiet des andern Staates ausdehnt, ohne dort gleichzeitig eine neue Niederlassung zu gründen, eine Besteuerung nur an dem ursprünglichen Betriebssitze erfolgen kann. Dieser Grundsatz ist unbedingt richtig und müßte allenfalls nur hinsichtlich der Wandergewerbe eine Ergänzung erfahren, damit z. B. der nach Ungarn kommende Zirkus nicht steuerfrei bleibe.

Hinsichtlich der Steuerbelastung sollen die inländischen Geschäfte und die Zweigniederlassungen ausländischer Unternehmungen in gleicher Weise erfaßt werden, was auch § 211 des Vertrages von Trianon fordert. Es kann schon als Gewinn betrachtet werden, wenn Ungarn sich diesen Standpunkt gegenüber den Ententestaaten sichern kann.

Das Abkommen mit Österreich bestimmt auch, welche Unternehmen als selbständige Geschäftsbetriebe gelten müssen, und die Grundsätze, welche in § 10 niedergelegt sind, hat die Konferenz von Rom im Jahre 1921 in vollem Umfang anerkannt.

Es ist eine ziemlich schwierige Frage, wie das Einkommen zwischen den Niederlassungen verteilt werden soll. Die Lage ist etwas klarer, wenn es sich um zu öffentlicher Rechnungslegung verpflichtete Gesellschaften handelt, doch verwickelt sie sich, sobald von Privatunternehmungen die Rede ist. Es erscheint zweckmäßig, bestimmte objektive Gesichtspunkte zugrunde zu legen, wie das von tschechischer Seite hinsichtlich des Holzhandels bei der vorjährigen Konferenz vorgeschlagen wurde.

Wir können uns aber auch auf den Standpunkt stellen, daß jeder Staat die auf seinem Gebiet arbeitenden Betriebe auf Grund der ihm zur Verfügung stehenden Unterlagen besteuern, und daß er jede Leistung, welche durch den inländischen Betrieb zugunsten des ausländischen Betriebes erfolgt, als Bestandteil des Einkommens bzw. des Erwerbes ansehen kann. Gegen eine derartige Besteuerung könnte vor einem internationalen Schiedsgericht Einspruch erhoben werden.

Den durch den einen Betrieb an den andern überwiesenen Zinsertrag schalte ich aus, da ich das Leihkapital als Bestandteil des Gläubigervermögens behandeln kann (s. oben unter 1 und 2).

Es sei hier erwähnt, daß Österreich — unter der Voraussetzung der Gegenseitigkeit — kürzlich derart verfügt hat, daß der Ausländer, welcher zwecks Warenbeschaffung oder aus anderen ähnlichen Gründen Österreich bereist, nicht besteuert werden kann.

Unter die Erwerbssteuer Klasse III fallen die direktorialen und ähnlichen Bezüge und Tantièmen. Sie können selbstverständlich nur dort besteuert werden, wo sie zur Auszahlung gelangen. Z. B. kann ein Budapester Vorstandsmitglied eines tschechoslowakischen Unternehmens in dieser Eigenschaft in Budapest nicht steuerlich belastet werden.

In der Vereinbarung zwischen Italien und den österreichischen Nachfolgestaaten ist in Art. 3 festgestellt worden, daß das Erwerbseinkommen, inbegriffen die aus sog. freien Berufen entstandenen Einkommen, dort zu besteuern ist, wo die Arbeit geleistet wird. Aus industriellen oder anderen geschäftlichen Unternehmungen entstandenes Einkommen ist dort zu besteuern, wo das Unternehmen seine Hauptniederlassung hat, auch in dem Falle, wenn sich seine Geschäftsgebarung auf das Territorium des anderen Staates erstreckt.

Hat das betreffende Unternehmen in dem anderen Staate eine Zweigniederlassung, eine Affiliation, eine ständige Handelsagentur oder Vertretung, so hat jeder Staat jenen Teil des Einkommens zu besteuern, welcher auf seinem Territorium entstanden ist. Zu diesem Zwecke können die Finanzbehörden verlangen, daß ihnen sowohl die allgemeinen, wie auch die Spezialbilanzen oder andere durch die Gesetzgebung bestimmte Urkunden vorgelegt werden.

5. Die Einkommensteuer ist natürlich nach denselben Grundsätzen zu behandeln, welche oben für die Erwerbssteuer aufgestellt worden sind.

Die Vereinbarung vom 6. April 1922 stellt sich in Art. 6—8 auf den folgenden — richtigen — Standpunkt:

Die Regeln, welche sich auf solche Einkommen beziehen, die a) aus Immobilien, b) aus durch Hypotheken oder Faustpfänder sichergestellten Forderungen, c) durch Industrie und Handel, d) durch Arbeit entstehen, haben auch für die allgemeine Einkommensteuer zu gelten, und zwar für jenen Teil dies Einkommens, welcher aus den obengenannten Erwerbsquellen entstanden ist.

Bei den übrigen Teilen des Gesamteinkommens ist nach dem obengenannten Artikel der Wohnsitz maßgebend.

Als Wohnsitz ist jener Ort zu betrachten, wo der Steuerzahlende seine ständige Wohnung hat, u. zw. unter solchen Umständen, die auf die Absicht der Beibehaltung einer solchen schließen lassen. Hat der Steuerzahlende mehrere Wohnsitze, so ist das obengenannte Einkommen zwischen den einzelnen Staaten im Verhältnis der Aufenthaltsdauer zu verteilen. Ist kein solcher Wohnsitz vorhanden, so ist die tatsächliche Wohnung bei der Besteuerung maßgebend.

6. Erwerbssteuer, Klasse IV. a) Bei den öffentlichen Angestellten soll bestimmend sein, wo der Betreffende bezahlt wird, was besonders für die Pensionäre wichtig ist (G.A. XXII/1875, § 1, 1). Dieser Grundsatz ist auch in der italienischen Vereinbarung im Art. III anerkannt worden.

b) Bei Privatangestellten — hierzu werden auch die Angestellten der zur öffentlichen Rechnungslegung verpflichteten Unternehmungen gerechnet — muß ebenfalls die Steuer dort entrichtet werden, wo der Betreffende entlohnt wird.

7. Bei den Einkommen, welche der Kapitalertrags- und der Rentensteuer unterzogen werden können, stehen wir den verschiedenartigsten und in ihrer Wirkung mannigfaltigsten Steuern gegenüber.

In die erste Gruppe gehört die ungarische Kapitalertrags- und Rentensteuer aus dem Jahre 1875 (G.A. XII). Steuersubjekt ist die in Ungarn wohnende Person. Das Gesetz besteuert jedes Einkommen, welches aus einer ausländischen Lebensrente, Witwenversorgung oder einer Verwandtschaftsjahresrente sowie aus geliehenen Kapitalien herrührt. Ergänzt wird es durch G.A. VII/1883 betreffend die Besteuerung der aus den bei Geldinstituten hinterlegten Kapitalien fließenden Einkommen, soweit die Steuer aus den Zinsen dieser Kapitalien von dem betreffenden Institut gezahlt wird. Dasselbe Gesetz besteuert das Einkommen aus ausländischen Aktien, lässt jedoch das Zinsscheineinkommen der im Auslande angelegten öffentlichen Anleihen unbesteuert.

In die zweite Gruppe gehört das österreichische Rentensteuergesetz vom Jahre 1896 und das auf derselben Grundlage stehende ungarische Gesetz VII/1909. Dieses vermeidet die einschränkende Bedingung des Gesetzes XXII/1875, wonach das Subjekt der Kapitalertrags- und Rentensteuer nur der Bewohner des Landes sein kann, und es bestimmt demgegenüber, daß außer dem Inländer auch der Ausländer und das aus dem Auslande fließende Einkommen zu besteuern sind. Das erstere Prinzip ist eine Folge der Besteuerung des Gebietes, das zweite die natürliche Auswirkung der Pflicht zur Tragung der öffentlichen Lasten infolge dauernden Aufenthalts.

Eine Ausnahme von dieser Regel ist — außer den Fällen der Exterritorialität —, daß im Falle der Gegenseitigkeit das aus dem Auslande herrührende Einkommen steuerfrei bleibt, wenn der Steuerpflichtige nachweist, daß dasselbe Einkommen im Auslande mit einer ähnlichen Steuer belastet ist (Gesetz VII/1909, § 6).

Es ist selbstverständlich, daß das Gesetz — § 1, 5 — die aus ausländischen Aktien, Obligationen und anderen ausländischen Wertpapieren fließenden Zinsen und Dividenden einer Besteuerung unterzieht.

Die rumänischen Gesetze besteuern auf Grund der sogenannten Karte „G“ alle Dividenden und Zinsen, welche der Steuerpflichtige aus den durch die rumänischen Behörden oder Gesellschaften und Genossenschaften emittierten Obligationen genießt, ebenso das Einkommen aus den im Auslande liegenden Kapitalien und Wertpapieren. Sie besteuern außerdem die im Inlande angelegten Hypothekar- und andern Anleihen und die Bankdepots. Eine einzige Ausnahme bildet das Zinseinkommen aus den durch die Geldinstitute placierten Kapitalien, wenn diese Einnahmen durch die Gesellschaftssteuer bereits erfaßt sind. Bei den Lombard- und Hypothekaranleihen muß die fünfzehnprozentige Steuer der Geldnehmer entrichten, ist jedoch berechtigt, diese bei dem Geldgeber in Abzug zu bringen.

Die Einziehung der Steuer ist ziemlich umständlich, da sie teils vom Schuldner, teils vom Gläubiger eingetrieben wird, ja, mitunter wird derjenige zur Entrichtung der Steuer verpflichtet, der die Zinsscheine einlöst oder sie zwecks Einlösung nach dem Auslande befördert.

Es ist überaus schwierig, in diesem verworrenen Stoff einheitliche Grundsätze aufzustellen.

Es ist wohl außer Frage, daß das in G.A. XIV/1908, § 19 aufgestellte Prinzip aufrechterhalten werden muß, wonach ein zur öffentlichen Rechnungslegung verpflichtetes Unternehmen aus seinen in einem andern Staate liegenden Kapitalien dort nicht besteuert werden darf. Dieses Prinzip darf nicht durchbrochen werden, wenn die Bewegungsfreiheit der in den Nachfolgestaaten zur öffentlichen Rechnungslegung verpflichteten Unternehmen nicht unterbunden werden soll. Dasselbe Recht muß bei der Besteuerung von Kapitalien eingeräumt werden, die von Privaten zu industriellen und Handelszwecken verliehen wurden. Handelt es sich um eine Wechselforderung oder um eine Buchforderung, so kann der fragliche Zinsertrag einer Sonderbesteuerung nicht unterworfen werden.

Während der Verhandlungen im Vorjahre wurde von tschechischer Seite der Gedanke aufgeworfen, daß dann, wenn die Kapitalertrags- und Rentensteuer durch Abzug aus dem Einkommen gedeckt wird, die Steuer demjenigen Staate zufallen soll, auf dessen Gebiet der Abzug erfolgte. Die Gerechtigkeit dieser These hängt jedoch immer davon ab, welche Art von Zinsen- oder Couponeinkommen auf die oben angedeutete Weise besteuert wird. Wenn die Besteuerung in dem alten ungarischen und österreichischen Sinne erfolgt, so können daraus gewiß keine nachteiligen Folgen entstehen; wenn wir aber an die rumänische Gesetzgebung denken, wo der Hypothekarschuldner zum Abzug der Steuer verpflichtet ist, so kann die allgemeine Formulierung mancherlei unvorhergesehene Gefahren in sich bergen. Ich würde es für richtiger halten, dieses Prinzip auf die durch die Geldinstitute gezahlten Zinsen zu beschränken, und nur so weit zu gehen, daß, wenn die auf die Zinsen des Zinsgenießers entfallende Kapitalertrags- und Rentensteuer von dem zur Steuerzahlung befugten Geldinstitut durch Abzug eingetrieben wird, derjenige Staat zur Einziehung berechtigt sein soll, auf dessen Gebiet das Geldinstitut seine Tätigkeit ausübt.

Man muß ferner als Grundsatz aufstellen, daß jener Staat das Zinseinkommen besteuern soll, auf dessen Gebiet der Gläubiger seinen Wohnsitz hat. Wir können höchstens noch hinzufügen — was auch schon in dem Abkommen des G.A. XIV/1908 zum Ausdruck kommt — daß der eine Staat das Couponeinkommen der Staatsschuldner des andern Staates mit der Kapitalertrags- und Rentensteuer nicht belasten kann. Ebensowenig können diese Steuern erhoben werden auf die Zinsen aus Prioritätsobligationen und Dividenden solcher Aktiengesellschaften, welche bereits durch den andern Staat mit der Steuer der zur öffentlichen Rechnungslegung verpflichteten Unternehmungen belastet wurden.

Es entsteht hier die weitere Frage, was mit jenen Zinsen- und Couponeinnahmen geschehen soll, welche gesetzliche Steuerfreiheit genießen.

Der tschechoslowakische Staat betrachtet sich in dieser Hinsicht als Rechtsnachfolger des ungarischen bzw. des österreichischen Staates, sodaß demzufolge die durch Gesetzgebung entstandenen Vorrechte auf dem Gebiete des tschechoslowakischen Staates auch weiterhin gesichert bleiben können. Der rumänische Staat jedoch stellt sich nicht mehr ganz auf denselben Standpunkt, denn er beruft sich, ebenso wie es Jugoslawien tut, auf das Recht des Eroberers und will deshalb die Rechtsgültigkeit solcher gesetzlicher Privilegien nicht anerkennen. Es ist klar, daß diese Stellungnahme keine rechtliche Grundlage hat.

In diesem Zusammenhange müßte auch die Frage geregelt werden: wenn ein für sich steuerpflichtiges Einkommen von dem Staate, der zur Eintreibung der Steuer berechtigt ist, als steuerfrei erklärt wird, ist dann der andere Staat verpflichtet, diese Steuerfreiheit als gültig in dem Sinne anzuerkennen, als würde der Betreffende die Steuer zahlen? (Pfandbriefe.) Es sollen außerdem noch alle Wohltätigkeitsfonds, kulturelle und kirchliche Forderungen und die Forderungen aus der Wechseldiskontierung für steuerfrei erklärt werden.

Die Vereinbarung vom 6. April 1922 hat in Art. 2 den grundsätzlichen Standpunkt eingenommen, daß sowohl das Einkommen aus einem Kapital wie auch das Renteneinkommen seitens jenes Staates zu besteuern sei, auf dessen Gebiet die das Einkommen genießende Person wohnt. Zinseinkommen aus durch den Staat, durch Munizipien oder ähnliche autonome Korporationen oder Kreditinstitute emittierten Schuldscheinen hat jener Staat zu besteuern, in welchem diese Korporationen oder Kreditinstitute bestehen. Ähnliche Grundsätze sind auch bei der Besteuerung der Einlage und der Kontokorrentzinsen anzuwenden. So sind die Zinsen, die die Filialen zahlen, dort zu besteuern, wo die Filialen sich befinden.

8. Die Steuer der zur öffentlichen Rechnungslegung verpflichteten Unternehmungen ist in gleicher Weise geregelt. In Österreich, der Tschechoslowakei, dem SHS-Staate und in Ungarn ist das Reineinkommen die Be-

steuerungsgrundlage. Demgegenüber geht das neue rumänische Gesetz mit andern Mitteln vor. Es führt das Einkommen des Unternehmens auf seine ursprünglichen Bestandteile zurück und benutzt diese zur Aufstellung der Besteuerungsgrundlage fast genau so, wie es das alte ungarische Gesetz tat. (Z. B. werden die Zinsen aus Hypothekaranleihen gesondert besteuert, und dieses Einkommen wird von dem Gesamteinkommen in Abzug gebracht.)

Die Richtigkeit des Grundsatzes, welcher in den Paragraphen 1 und 2 des G.A. VIII/1909 zum Ausdruck kommt und wonach ein auf dem Staatsgebiet liegendes Unternehmen nach den Gesetzen eben dieses Staates die Steuer zahlt, kann nicht bezweifelt werden. Doch ist die Lösung der Einzelfragen überaus schwierig, wenn es sich um Unternehmen handelt, die ihre geschäftliche Tätigkeit auf mehrere Staaten ausdehnen.

a) Wie soll man das steuerpflichtige Einkommen feststellen, bzw. die Verteilung des Gesamteinkommens zwischen den betreffenden Staaten durchführen?

Es gibt Fälle, in welchen die Buchführung des Filialunternehmens hinsichtlich dessen Rentabilität ein völlig klares Bild gibt. Doch ist das nicht immer der Fall. So z. B. niemals bei Transportunternehmungen, Versicherungsgesellschaften und dergleichen. Auch bei Geldinstituten nicht ausnahmslos. Es gibt auch Geschäfte, welche die Filiale auf Rechnung der Hauptgesellschaft betreibt und abwickelt.

Der Weg zur Entwirrung kann nur der sein, daß man die selbständige Buchführung der Filiale zur Grundlage nimmt; stehen deren Umsatzziffern zu der nachgewiesenen Rentabilität nicht im entsprechenden Verhältnis, so kann eine sachgemäße Überprüfung stattfinden.

b) In vielen Fällen erstattet das Zweigunternehmen der Muttergesellschaft Provision und Zinsen. Es ist zu entscheiden, ob diese Summen steuerpflichtig sind, und, wenn ja, ob beim Schuldner oder beim Gläubiger. Gewiß beim Gläubiger. Es können sich jedoch hier Mißbräuche ergeben. Der einzige Ausweg ist der Ausweis über die für den andern Teil unter obigen Posten getätigten Zahlungen, Gutschreibungen und Belastungen; sollten sie den Verdacht einer Verschleierung erregen, so muß die Steuerbehörde zur Vornahme einer entsprechenden Klarstellung berechtigt sein.

Die Frage erscheint einfacher und die These unbestreitbarer, wenn keine Filialen bestehen.

Immerhin lassen sich folgende Grundsätze aufstellen:

a) Die auf dem Gebiete des andern Staates erfolgten Kreditierungen oder Vermögenserwerbungen nicht ständigen Charakters (Wareneinkäufe) sollen dortselbst nicht besteuert werden können.

b) Die übrigen aus dem Gebiete des andern Staates bezogenen Einkommen sollen mit der in Frage kommenden Steuer dieses Staates belastet werden können.

c) Hinsichtlich der abzugsberechtigten Posten sollen zwischen Inland und Ausland möglichst geringe Unterschiede gemacht werden. In der Vereinbarung mit Italien ist festgesetzt worden, daß das Einkommen dort zu besteuern ist, wo es entstand. Um dies zu ermitteln, kann die Vorlegung von Bilanzen, Rechnungen usw. verlangt werden (Art. IV). Dies genügt aber nicht.

VII. Gebühren.

Bei den Gebühren für Urkunden und Vermögensübertragungen halte ich für die Sicherung der Bewegungsfreiheit außer dem unter V bereits Vorgebrachten noch folgendes für wichtig:

Einem jeden solchen Rechtsgeschäfte, welches seine Rechtswirkung nicht im Inland ausübt, ist unbedingte Stempelfreiheit zu gewähren. Wenn das Dokument im Laufe eines inländischen behördlichen Verfahrens zur Benutzung kommt, so soll eine Gebühr entrichtet werden. Ist jedoch die Gebührenbelastung im Auslande bereits erfolgt, so wäre die dort entrichtete Summe in Anrechnung zu bringen. Tritt das Geschäft in beiden Staaten in Wirksamkeit, so muß eine entsprechende Verteilung stattfinden. Besonders begründet wäre dies bei Gesellschaftsverträgen. Bei Wechseln, Schecks soll die im Ausland erfolgte Abstempelung als genügend gelten, ausgenommen den Fall, wenn der Wechsel zwischen inländischen Personen besteht oder wenn das zur Ausstellung und Annahme des Wechsels oder zur Ausstellung des Schecks führende Geschäft im Inlande getätigt wird. Sollte der ungarische Stempel höher als der ausländische sein, so wäre die Forderung einer Nachzahlung statthaft.

Alle übrigen Zwischengeschäfte sollen gebührenfrei bleiben.

Was die Buchführung anbelangt, ist es von großer Wichtigkeit, daß in dem Falle, wenn ein Unternehmen die Bücher seiner ausländischen Zweigniederlassung an seinen Hauptsitz überführen läßt, diese gebührenfrei bleiben. Genau so wäre die Gebührenfreiheit der in der Zentrale geführten Kontrollbücher zu regeln.

VIII. Schiedsgericht.

Bei den kommenden Verhandlungen wird man darauf bedacht sein müssen, dass für alle Streitfragen in Steuer- und Gebührensachen eine zwischenstaatliche Behörde errichtet werde.

Mit Österreich hat Ungarn in Streitsachen über Steuer- und Gebührenfragen ein Übereinkommen, doch bestand ein wesentlicher Fehler der diesbezüglichen Steuer- und Gebührenvereinbarung darin, daß es kein Forum gab, das in Streitfragen zu entscheiden befugt gewesen wäre, sondern die betreffenden Ministerien mußten in endlosem Briefwechsel die Übereinstimmung zu erzielen suchen, die allerdings nur in den seltensten Fällen zustande kam.

In der Vergangenheit war es verständlich, daß der ungarische Staat — seine Souveränität verteidigend — sich der Errichtung jedes neuen mit Österreich gemeinsamen Organs widersetzte. Allerdings hat der G.A. XII/1908 trotzdem die Schaffung eines Schiedsgerichtes in Aussicht genommen, das in gewissen Fragen aus dem Kreise des Zoll- und Handelsvertrages entscheiden sollte.

Diese Lage hat sich jetzt Ungarns Nachbarstaaten gegenüber in ihr Gegenteil verkehrt. Es ist jetzt politisch nicht gefährlich, wenn zwischenstaatliche Organe geschaffen werden, und auch in jeder anderen Hinsicht ist dies der einzige Weg zu einer raschen und glatten Erledigung aller Streitfragen. Unbedingt würde er schneller zum Ziele führen als der in Art. X der Vereinbarung mit Italien vorgesehene Modus. Auf Grund dieses Artikels ist nämlich das Steuerobjekt, das in zwei Staaten besteuert wurde, berechtigt, sich an seinen Heimatstaat zu wenden, und dieser Staat kann, wenn er es für richtig erachtet, im diplomatischen Wege den anderen Staat um eine gerechtere Regelung ersuchen.

Ungarische Jahrbücher

Inhalt des zweiten Bandes.

I. Aufsätze und Berichte:

II. Kleine Mitteilungen und Anzeigen:

III. Besprochene Werke:
